PAUL

Lynn Munsinger

Viele, viele bunte Hüte

Ausgedacht von
William Jay Smith
Gereimt von
Hans A. Neunzig

Lentz

© für die deutsche Ausgabe
Lentz Verlag in der F.A. Herbig
Verlagsbuchhandlung GmbH,
München 1991

© Text: 1964, 1989 William Jay Smith
© Illustration: 1989 Lynn Munsinger
Titel der Originalausgabe:
Ho for Hat
First published by Little, Brown and
Company (Inc.), Boston
Sämtliche Rechte vorbehalten

Satz: Concept GmbH, 8706 Höchberg
Gesetzt aus: Korinna
Druck und Bindung: Grafiche AZ, Verona
Printed in Italy
ISBN 3-88010-221-X

Ob groß, ob klein,
ob rund, ob spitz –
Hüte sind ein
toller Witz.

Jetzt hat der Hund
auch einen Hut,
und wie man sieht,
er steht ihm gut!

Du meine Güte,
was für Hüte:
Ein hoher Hut,
ein runder Hut,
ein Märchenhut,
ein Federhut,
ein Doktorhut.
Der Strohhut ist schon alt,
und Bello wird's nicht kalt.

Echt gut – so ein Hut!

Mein Hut ist wie ein Ofenrohr
und Bellos wie ein Topf

und dieser hier
klappt gleich hervor

zu groß für meinen Kopf!

Der Tropenhelm schützt vor der Sonne Glut,
im Maisfeld schlaf' ich ohne Hut.

Einen Hut mit Feder,
den hat nicht jeder.
Ich lasse ihn fliegen,
auf dem Bett bleibt er liegen.

Ich nehme ihn ab
und mach mich
ganz krumm,
ein kleiner Schwung –
der Stuhl fällt um.

Und Bello tut,
was er nicht darf,
auf meinen Hut
ist er ganz scharf.

Ein Hut so schwarz
wie die Nacht,

ein Helm von glänzender Pracht,

ein Hut,
der mich vor Stichen schützt,
doch unserm Bello gar nichts nützt.

Echt gut –
so ein Hut!

Hüte sind herrlich,
sie sind eine Wonne,
sie schützen vor Regen,

und auch
vor der Sonne.

Was tut uns gut?

Ein Hut, ein Hut ...

... und noch ein Hut.

Hüte und Mützen
sind lustig
und schützen.

Der Cowboy unterm breiten Hut,
er wirft sein Lasso voller Mut,
und sicher trifft er auch sein Ziel.

Ein Hut für die Arbeit   Ein Hut für das Spiel.

Aus Tuch oder Wolle,
Metall oder Stroh,
mal spitz wie ein Pfeil,
mal rund wie ein Po,

Pfannkuchenflach
oder hoch wie
ein Dach –
wir spielen Verkleiden,
und jeder mag's leiden.

Nun sagt mal selbst:
Sieht man uns an,
daß man

mit Hüten zaubern kann?

Hokuspokus,
eins, zwei, drei,
was wittert meine Nase?

Aus dem Zylinder kommt ein Ei

und dann auch noch ein Hase.

Ein Taubenschwarm

fliegt aus dem magischen Zylinder.
Es staunt der Hase, staunt der Hund,
es lachen alle Kinder.
Echt gut – so ein Hut!

Hüte gibt's in jeder Form,
die Auswahl – siehst du's? – ist enorm.
Glocken, Türme und Pagoden,
Kohlkopf, Muschel, and're Moden
kleiden unsere Köpfe toll

– und auch Geschirr
ist wundervoll.

Zufrieden trägt das Segelboot
als Hut der Drache Sapperlot.
Den Schleierhut zeigt Bello hier,
die Spinne denkt:
der ist von mir.

Wir sammeln die Hüte,
rund wie ein Faß
oder spitz wie 'ne Tüte
und auch den Sombrero
von Onkel Juan
zusammen in einer Ecke an.

Wir packen sie ein,
groß oder klein,
schmal oder breit,
eng oder weit.

Und jetzt beginnt ein Schieben und Schleppen
aufs Dach hinauf über Stufen und Treppen.

Dann regnet es Hüte,
wer wollt' es nicht loben?
Aller Segen kommt von oben.
Echt gut – so ein Hut!